MUSÉE DE SAN MARTINO

A L'ILE D'ELBE.

MUSÉE DE SAN MARTINO

A L'ILE D'ELBE.

CATALOGUE

DES OBJETS DE SOUVENIR ET D'INTÉRÊT HISTORIQUE

RÉUNIS

DANS LE MONUMENT ÉRIGÉ PAR LE PRINCE ANATOLE DE DÉMIDOFF

EN 1856

ET DANS LA VILLA HABITÉE PAR

L'EMPEREUR NAPOLÉON PREMIER

EN 1814.

La retraite n'est féconde en grandes pensées que pour les grands hommes.

(*Discours de la Députation des Départemens au champ de Mai*, 1815.)

FLORENCE.

IMPRIMERIE LE MONNIER.

1860.

NOTICE

SUR LA FONDATION

DU MUSÉE DE SAN MARTINO.

Lorsque l'on entre dans la baie de Portoferraio, on découvre au loin, sur un fond de montagnes verdoyantes, au point de jonction de deux mamelons boisés, une petite maison blanche que les marins ne manquent guère de désigner au voyageur par ce mot:

San Martino!

Qu'est-ce que San Martino?

La maison de campagne de l'Empereur.

Il va sans dire que l'Empereur signifie Napoléon 1er.

Pour la génération actuelle, et pour bien d'autres encore après nous, ces mots: "*L'Empereur et l'Empire*" désigneront un homme et une époque sur lesquels il n'y a point à se méprendre. C'est ainsi qu'au tems de la grandeur des Romains on disait Urbs: "*la Ville,*" et l'univers savait que la Ville c'était Rome.

On signale toujours aux étrangers l'ancienne demeure Impériale, mais aujourd'hui l'humble maison, du plus loin qu'on la distingue, paraît reposer sur un vaste soubassement d'architecture et dominer de spacieux abords.

Cette transformation est le résultat d'une grande pensée et d'un grand travail.

Elle est un hommage rendu, non point à un homme, à un nom, à une race, à un peuple; mais à l'histoire, mais au génie, qui n'a point de frontières, qui n'est ni Français, ni Anglais, ni Russe, mais qui appartient à tous; car sa patrie est l'humanité.

Voici, en peu de mots, l'histoire des changements survenus, après trente-six ans d'abandon, dans la demeure temporaire de Napoléon à l'Ile d'Elbe.

Cette petite maison à la physionomie si calme, à l'entourage si pittoresque, perdue dans l'immensité d'un site agreste, fut en effet la demeure favorite, la retraite aimée de l'Empereur en 1814. Elle occupe le centre d'un domaine connu sous le nom de San Martino, et ce domaine lui-même s'étend sur les pentes d'un majestueux cirque de montagnes. Un riant vallon, ouvert du côté de l'Est, et descendant vers la mer, laisse apercevoir à peu de distance la baie de Porto-ferraio et la Ville capitale de l'Ile, bâtie sur un rocher détaché en presqu'île, que couronnent les imposantes fortifications des Médicis. Au fond de la grande rade se dessinent les monts de la chaîne de Rio qui donnaient déjà du fer au tems de Virgile, et qui commandent le détroit de Piombino. Plus loin enfin, et de l'autre côté du canal, on découvre la côte élevée et les montagnes intérieures de l'Italie continentale.

Séduit par les beautés peu communes d'un tel lieu, par sa situation retirée et en même tems assez voisine de la Ville, Napoléon fit l'acquisition de San Martino. Il n'existait alors, sur cette propriété, d'autres constructions qu'une maison délabrée, habitation du facteur qui régissait la terre, et un magasin assez spacieux où se conservaient les produits du vignoble. Ce magasin, merveilleusement situé pour dominer un point de vue enchanteur, fut converti, sous les yeux mêmes de l'Empereur, en une maison modeste mais convenable, qui devint son séjour de prédilection pendant les mois d'été, et le but de ses promenades fréquentes durant l'hiver qu'il passa à Portoferraio.

C'est à ce titre que la Villa de San Martino est demeurée célèbre, et que depuis 1815 elle a souvent été visitée par les voyageurs curieux de contempler une retraite d'où l'on ne sort qu'avec une émotion involontaire, lorsqu'on pense qu'elle fut la dernière étape du Grand Empereur, entre Fontainebleau et Sainte-Hélène.

Après la mort de Napoléon, le domaine devint la propriété de son fils. La fin prématurée du Duc de Reichstadt en fit passer la possession à Madame l'Archiduchesse Marie-Louise. Cette Princesse le conserva jusqu'en 1845, époque à laquelle elle en abandonna l'usufruit. En 1851, San Martino se trouvait divisé inégalement entre deux héritiers de l'Empereur, lorsqu'une combinaison particulière d'affaires décida le Prince Démidoff à s'en rendre acquéreur.

La première intention du nouveau propriétaire fut de restaurer la demeure abandonnée de Napoléon, et de la rendre à son état primitif, sans rien changer au caractère de simplicité des alentours. Mais lorsqu'il prit possession de la propriété, ce qui eut lieu le 15 Août de cette même année 1851, l'impression de cette solitude si peuplée de souvenirs agrandit involontairement ses vues, et lui inspira une pensée qui ne pouvait éclore que dans un pareil milieu.

Le Prince Démidoff se trouvait, par suite de circonstances antérieures, possesseur d'un certain nombre d'objets rares et précieux, se rattachant à la personne de Napoléon, à certains événemens de sa vie, à l'histoire de son règne, à celle de son exil et de ses funérailles. Il comprit combien il en augmenterait la valeur et l'intérêt en les groupant dans ce lieu consacré par l'histoire, où le passage de l'Empereur, — tout étouffé qu'il ait été entre les événemens qui le précédèrent et ceux qui le suivirent, — a laissé des traces vivaces qu'on peut suivre encore, tant les années, et les hommes, souvent plus destructeurs que le tems, les ont religieusement respectées.

Mais les dimensions restreintes de la Maison historique offraient d'insurmontables difficultés à la concentration d'une collection aussi nombreuse que variée, et le propriétaire actuel était bien décidé, d'ailleurs, à ne pas altérer sa physionomie et à la laisser inhabitée. Il résolut donc de créer un asile spécial, où ces richesses de l'Ère Impériale: objets d'usage, d'affection, de souvenir, armes, livres, bijoux, meubles, tableaux, statues, seraient rationnellement exposées et mises à l'abri de toute dispersion dans le présent et dans l'avenir, — aussi loin, du moins, que puissent embrasser la vue et la prévoyance humaines.

Telle est l'origine du Musée Napoléonien de San Martino, fondé par S. E. le Prince Anatole de Démidoff.

L'idée une fois conçue, l'exécution n'était pas sans difficultés. Il s'agissait de construire un édifice considérable sans envahir le domaine de la tradition. Il fallait harmoniser les sévérités d'une architecture classique avec les beautés d'un site sauvage; laisser intact surtout, autour de la Villa Impériale, le sol foulé et refoulé pendant dix mois par cet homme dont un mouvement incessant semblait inspirer la pensée, la parole, la rêverie. C'étaient autant de problèmes difficiles: la volonté et le travail les ont résolus.

Une terrasse, ou plutôt une aire, régnait devant la maison avant et depuis 1814; mais elle ne s'étendait guère, en largeur, au-delà du petit parterre de fleurs qu'on voit encore, et qui fut planté par l'Empereur, sous l'ombre d'un micocoulier, jeune alors, et qui est aujourd'hui un arbre magnifique. Plus bas, s'étendaient des champs de vignes et d'oliviers, traversés par une étroite allée de mûriers montant doucement du vallon et venant aboutir au pied du mur brut et sans parapet qui soutenait alors la terrasse. Cet abord n'était pas praticable aux voitures. A peine maître du terrain, l'Empereur traça le chemin carrossable qui conduit derrière la Villa en contournant les bois, et jeta sur un torrent qui lui faisait obstacle le pont que les habitans nomment encore « Pont Napoléon. »

L'emplacement situé au pied de la terrasse étant, comme on vient de le dire, livré à une culture vulgaire, il n'y avait sur ce point ni physionomie particulière, ni souvenirs à ménager. La place du Musée était donc trouvée, et dès les derniers mois de 1851 les plans furent étudiés et discutés. On s'arrêta à une vaste composition de style sévère, qui, s'appuyant au front de l'ancienne terrasse, et montant à son niveau, devait l'embrasser et en agrandir la surface. Une telle disposition avait deux avantages: quant à la Villa Impériale, elle ne changeait rien à l'aspect du site qu'on découvre de ses fenêtres; du côté de la vallée, les lignes imposantes et régulières du Musée se développant à la place d'une muraille antique et dégradée, composaient, à la demeure de Napoléon, une noble assise, une sorte de piédestal digne d'elle, répondant à l'ingénieuse idée de faire de l'habitation historique le point culminant, l'objet capital de cette collection de souvenirs, dont la concentration jetait dans une si grande entreprise le nouveau possesseur de San Martino.

Un architecte qui depuis quinze ans lutte en vain pour achever la belle Cathédrale de Florence, et qui ne peut réussir à faire adopter, dans son pays, un projet de façade accueilli par les suffrages de l'Europe artistique, le chevalier Niccolò Matas conçut le monument avec une heureuse entente du dessein qu'on avait en vue, et mit bientôt la main à l'œuvre. Il fallait abaisser le sol du nouvel édifice, de telle façon que son sommet vînt retrouver le plan de la terrasse existante. Des travaux difficiles furent entrepris au sein d'une roche presque aussi dure que le granit, et n'exigèrent pas moins d'une année. Enfin les fondations commencèrent à sortir du sol, et le 4 décembre 1852, une pierre commémorative fut enfouie dans les assises du monument, sous le seuil même de la porte principale.

Cette pierre, scellée par le fondateur du Musée, en présence de Monsieur le Gouverneur de l'Ile d'Elbe, le colonel Costa-Reghini, de Monsieur Francesco Pagni gonfalonier de Portoferraio, et de quelques amis, renferme, dans une première enveloppe de plomb, une boîte de cèdre contenant l'inscription suivante, deux fois écrite sur une plaque de porcelaine et deux fois soumise au feu, ce qui la rend inaltérable à jamais.

LE XXX OCTOBRE MDCCCLI
SOUS LE RÈGNE DE LÉOPOLD II GRAND DUC DE TOSCANE
EN PRÉSENCE DU PRINCE ANATOLE DÉMIDOFF
FONDATEUR,
ONT ÉTÉ COMMENCÉS LES TRAVAUX DE CET ÉDIFICE
DESTINÉ A CONSERVER
AUPRÈS DE LA DEMEURE TEMPORAIRE DE L'EMPEREUR NAPOLÉON
EN MDCCCXIV
DES SOUVENIRS HISTORIQUES
SE RATTACHANT A SA PERSONNE ET A SON ÉPOQUE
EN RESPECTANT RELIGIEUSEMENT L'HABITATION PRIMITIVE
DE SAN MARTINO.

Arch. Niccolò Matas de Florence.

Le reste de la boîte est rempli par une notice écrite sur parchemin, reproduisant les principaux détails de la fondation; par deux médailles de bronze, dont l'une, frappée en 1815, rappelle le miraculeux retour de Napoléon en France, et l'autre retrace l'effigie du fondateur.

Dès lors le travail fut poussé avec activité, et si l'idée était grande, ou peut dire que l'exécution sut y répondre. Une pierre compacte, formée des plus dures aggrégations et extraite des meilleures carrières de l'Ile d'Elbe, sans tenir compte de la distance, forme le corps de l'édifice. Le granit gris taillé en colonnes dont la plupart sont monolithes, fut apporté des points les plus éloignés de l'Ile; les marbres que fournit le pays composèrent le pavé. En même tems, l'ancienne maison du facteur disparaissait pour faire place à une élégante construction, dominant tout l'ensemble, et destinée à servir de demeure au conservateur du Musée. Ce *cottage,* élevé sur une plate–forme d'où la vue est admirable, a dû recevoir à l'extérieur un enduit de couleur sombre, afin de laisser briller seule, et comme la Reine du site, cette petite maison Impériale que l'œil du navigateur cherche toujours, et peut encore reconnaître de si loin.

Rien n'a été changé au sol qui environne la Villa; et sauf l'étendue plus que doublée de la terrasse, c'est partout le même aspect qu'en 1815. Le tems, et les orages quelquefois terribles dans cette contrée presque africaine, ont épargné jusqu'ici toutes les plantations de Napoléon, sauf un amandier isolé, célèbre dans la tradition, pour avoir été relevé des propres mains de l'Empereur, un jour où l'ouragan l'avait renversé. Ce bel arbre avait été préservé jusqu'à ces derniers tems, grâce à des soins particuliers. Les tempêtes de 1859, plus inclémentes que celles de 1815, ont emporté tous ses rameaux, et il n'en reste plus qu'un tronc qui laisse peu d'espérance de résurrection.

L'Empereur affectionnait, à San Martino, un lieu particulier de promenade: c'est une longue allée tracée sur le flanc d'un ravin, dans le contour de la montagne, et conduisant à une source. Napoléon aimait les fontaines, soit par souvenir du culte dont elles sont l'objet en Orient, soit pour en avoir éprouvé cent fois l'inestimable bienfait dans ses courses à travers le monde. Il fit agrandir et purifier celle-ci, comme plus tard, à Sainte-Hélène, dans le Vallon des Saules, il faisait dégager le cours du ruisseau qui devait un jour rafraîchir le gazon de sa tombe. La source de San Martino fut recouverte par ses ordres, afin que rien n'en troublât la limpidité, et plus d'une fois on vit l'auguste exilé, penché sur le bord de la pierre, puiser de l'eau pour se désaltérer, dans une tasse de cuir qui est un des souvenirs intimes de la collection du Musée.

Quant à la mystérieuse promenade, elle a gardé tout son charme. C'est un lieu d'une fraîcheur incomparable, où le soleil du midi laisse percer à peine quelques reflets. On s'est contenté de réparer les dégradations de l'allée principale, et de convertir en chemins praticables les sentiers qui sillonnaient les pentes d'un ravin à la physionomie suisse ou tyrolienne, d'où la mer apparaît enfermée comme un lac.

Du côté opposé, c'est-à-dire dans la région où le torrent traversé par le Pont Napoléon s'est creusé un lit profond et pittoresque, le site a gardé sa grandeur inculte, ses bois à l'éternelle verdure et ses âpres sentiers.

Le Musée de San Martino était achevé, quant à l'extérieur, au mois de décembre 1856, et on s'occupait depuis longtems des dispositions intérieures, lorsqu'on s'aperçut qu'une funeste inexpérience des influences particulières du climat, était sur le point de causer la ruine d'une partie de l'œuvre. La spacieuse terrasse qui recouvre le monument, s'appuyait sur une armature de bois: c'étaient des pièces magnifiques choisies dans la belle région forestière du Casentino, sur le continent toscan; et cependant cet appareil, protégé par toutes les précautions que l'art recommande, se trouvait, au bout d'une année à peine, entièrement décomposé par les effets de la chaleur et de l'humidité. Il fallut conjurer un écroulement imminent. Le travail fut entièrement repris sous la direction d'un ingénieur métallurgique de Livourne, Monsieur Carlo Cosci. Au moyen d'un système combiné de voûtes et de pièces de fonte, la terrasse du Musée reçut un soutien solide et impénétrable; le plafond, qui menaçait d'être entraîné dans une destruction totale, fut repris et consolidé. Cette grande restauration, qui peut, à présent, braver l'effort des siècles, ne fut entièrement terminée qu'au mois d'avril 1859.

C'est pour ces causes que le Musée Napoléonien de l'Ile d'Elbe, destiné par son fondateur à admettre les visiteurs auxquels les vestiges d'une grande mémoire présentent quelque intérêt, n'a pu être livré à sa destination que bien longtems après l'époque annoncée pour son achèvement.

Après ce coup-d'œil général sur un lieu qui, loin d'évoquer le lugubre prestige de Longwood, est, au contraire, si pittoresque, si bien partagé de la nature, que l'Europe a pu croire autrefois à un autre Charles-Quint et à un autre Saint Juste; après avoir retracé les circonstances toutes particulières qui ont ramené la vie, le travail et le mouvement dans cette solitude où dormit, silencieux, pendant 36 ans, le souvenir du glorieux banni; il ne reste plus qu'à décrire méthodiquement le Musée de San Martino, la Villa Impériale, et les objets intéressants à divers titres qu'une pensée prévoyante y a réunis, comme dans un sanctuaire inaccessible désormais aux passions d'un autre tems, et où ne règne que l'impartiale histoire.

San Martino *(Ile d'Elbe)*,

24 Mars 1860.

MUSÉE.

Le Musée de San Martino est un monument d'ordre Dorique, construit en pierre dure de couleur vive nommée à l'Ile d'Elbe Granito Giallo (*Granit Jaune*). Il se compose d'une galerie longitudinale et de deux galeries transversales formant avant-corps sur la façade. Au milieu de celle-ci ressort un péristyle orné de quatre colonnes monolithes de granit, et couronné d'un fronton.

L'édifice est exposé au levant: ses dimensions principales sont:

Longueur totale du bâtiment d'une aile à l'autre, hors œuvre.	64 mèt.	—
Hauteur de l'attique au-dessus du sol.	10	50
Elévation du sol des galeries au-dessus du terrain préparé.	2	—
Longueur de la galerie longitudinale à l'intérieur.	23	50
Largeur des trois galeries, id.	7	35
Hauteur des galeries, du pavé à la corniche.	6	10

L'ordonnance extérieure consiste en pilastres supportant une frise dans les métopes de laquelle figurent alternativement des Aigles, des Abeilles et le chiffre Impérial N.

On pénètre dans le Musée par trois perrons élevés. Les parois de l'intérieur, ornées de simples pilastres, sont revêtues de stuc imitant le granit gris, sur lequel se détachent en stuc blanc les chapitaux et la corniche. Cette décoration sévère doit, dans la pensée de l'architecte, donner l'idée d'une vaste crypte granitique creusée dans la masse sur laquelle repose l'ancienne habitation de Napoléon. La division des nefs est indiquée par de puissantes colonnes de granit. Les quatre du milieu forment un *atrium* carré, où l'on remarque une cheminée en quartz rose. Deux autres colonnes, placées à chaque extrémité de la grande galerie, séparent celle-ci des galeries transversales.

Le plafond du Musée se compose de caissons de granit à fond d'azur, sur lequel se détachent des rosaces de bronze. Au plafond de l'*atrium*, ces rosaces sont remplacées par des croix de la Légion d'Honneur et des Abeilles.

Le pavé est en compartimens de marbre, dont le granit sépare les divisions. Cette matière si difficile à travailler, prodiguée, comme on le voit, dans la construction, a son gîte à Secchetto, sur la côte méridionale de l'Ile d'Elbe. Les marbres ont été extraits des carrières de Santa Caterina, dans le voisinage de Valdana, sur la rive de Rio. Les points les plus opposés ont donc été mis à contribution pour faire du Musée de San Martino un monument durable, et ces détails donnent une idée des difficultés de l'exécution.

Une partie de la galerie de gauche, en entrant dans le Musée, a été consacrée à une chapelle: l'autre partie contient un meuble où sont réunis les principaux ouvrages traitant de l'Empereur Napoléon et de l'Histoire de son tems.

La grande galerie renferme des statues, des bustes et des portraits de la famille de l'Empereur: celle de droite est ornée de tableaux et de portraits en pied; elle contient, en outre, tout ce qui compose plus particulièrement la richesse historique du Musée: les objets d'usage personnel ayant appartenu à l'Empereur, et aux princes de sa famille.

Deux escaliers, partant des extrémités de la galerie principale, conduisent à la terrasse qui recouvre tout l'édifice, et sur laquelle s'élève la Villa Impériale.

CATALOGUE.

SCULPTURES.

1. **Chaudet**.

Statue de S. M. l'Empereur Napoléon Ier.

2. **Menconi**. (1851.)

Buste de M. Charles Bonaparte, Père de l'Empereur.

3. **Canova**.

Statue assise de S. A. I. Madame Letizia Bonaparte, Mère de l'Empereur.

4. **Menconi**. (1851.)

Buste de S. A. I. Madame Letizia Bonaparte, Mère de l'Empereur.

5. **Pampaloni**. (1846.)

Buste de S. A. I. le Duc de Reichstadt, Napoléon II.

6. **Pampaloni** d'après Bartolini. (1845.)

Buste du Prince Lucien Bonaparte.

7. **Pampaloni**. (1845.)

Buste de S. M. le Roi d'Espagne, Joseph Napoléon.

Donné par S. M. la Reiné d'Espagne, Comtesse de Survilliers.

8. **Pampaloni**.

Buste de S. M. le Roi de Hollande, Louis Napoléon.

Donné par S. A. I. le Prince Jérôme Napoléon, Prince de Montfort — 1845.

9. **Pampaloni**.

Buste de S. M. le Roi de Westphalie, Jérôme Napoléon.

10. **Menconi** d'après Bartolini. (1844.)

Buste de S. A. I. Madame la Grande Duchesse de Lucques, Elisa Bonaparte Princesse Baciocchi.

11. **Menconi**. (1851.)

Buste de S. M. la Reine de Naples, Caroline Bonaparte, femme du Roi Joachim Murat.

12. **Canova**.

Buste de S. A. I. la Princesse Pauline Bonaparte, Princesse Borghèse.

13. **Giolli**. (1853.)

Buste de S. M. l'Impératrice Joséphine.

14. **Cambi**. (1852.)

Buste de S. A. I. le Prince Eugène de Beauharnais, Vice-Roi d'Italie.

15. **Menconi**. (1851.)

Buste de S. M. la Reine de Hollande, Hortense de Beauharnais.

16. **Pampaloni**. (1845.)

Buste de S. M. la Reine de Westphalie, Princesse Catherine de Würtemberg.

17. **Pampaloni** d'après CANOVA. (1845.)

Buste de S. M. le Roi de Naples, Joachim Murat.

18. **Menconi**. (1851.)

Buste de S. A. le Prince Borghèse.

19. **Mattei**. (1844.)

Buste de S. A. le Prince Félix Baciocchi.

20. **Powers**. (1847.)

Buste de S. A. I. Madame la Princesse Mathilde.

21. **Powers.** (1847.)

Masque de l'Empereur Napoléon après sa mort.

Copie en marbre d'après le masque authentique exécuté à Sainte-Hélène par le Docteur Antommarchi.

TABLEAUX.

22. **Kinson.** (1807.)

Portrait en pied de S. M. le Roi de Westphalie, Jérôme Napoléon.

Toile. Hauteur 2^m,17. — Largeur 1^m,39.

Provenant de S. A. I. le Prince Jérôme.

23. **Gérard.**

Portrait en pied de S. M. la Reine de Westphalie, Princesse Catherine de Würtemberg.

Toile. Hauteur 2^m,13. — Largeur 1^m,42.

Provenant de S. A. I. le Prince Jérôme.

24. **Horace Vernet.**

Napoléon en 1815.

Toile. Hauteur 0^m,72. — Largeur 0,56.

Provenant de la Galerie de S. E. le Prince Démidoff.

25. **Hippolyte Bellangé.** (1853.)

Episode de la Bataille de la Moskowa (Borodino). Attaque de la Grande Redoute, par le 5e Régiment de Cuirassiers, 7 Septembre 1812.

Toile. Hauteur 3m,04. — Largeur 4m,03.

Le Général Caulaincourt, découvrant derrière lui l'infanterie de Likatcheff qui gardait la redoute, se rabat sur elle par un brusque mouvement à gauche, et la sabre à la tête du 5me de Cuirassiers. Malheureusement il tombe frappé à mort.

A. Thiers, *Histoire du Consulat et de l'Empire.*

Provenant de la Galerie de S. E. le Prince A. de Démidoff.

26. **Morelli.** (1845.) D'après une aquarelle de Staplana.

Portrait de S. A. I. Madame la Comtesse de Survilliers, ancienne Reine d'Espagne, femme de S. M. le Roi Joseph Napoléon.

Toile. Hauteur 0,45. — Largeur 0,57.

La Princesse est représentée dans son appartement du Palais Serristori à Florence.

Don de S. A. I. Mad. la Comtesse de Survilliers.

27. **Gérard.** (1804.)

Portrait de S. M. l'Empereur Napoléon revêtu du costume qu'il portait à la Cérémonie du Sacre, le 2 Décembre 1804.

Toile. Hauteur 1m,45. — Largeur 1m,10.

Voir aux Pièces justificatives: n° 1.

Provenant de la Galerie de S. E. le Prince Démidoff.

28. **Gérard.**

Portrait en pied de S. A. I. Madame Letizia Bonaparte, Mère de l'Empereur Napoléon.

Toile. Hauteur 2m,12. — Largeur 1m,30.

Provenant de S. A. I. le Prince Jérôme.

29. **Morelli.** (1846.)

S. A. I. Madame la Comtesse de Survilliers, ancienne Reine d'Espagne, sur son lit de mort.

Toile. Hauteur 0m,55. — Largeur 0m,93.

La Princesse est morte au Palais Serristori, à Florence.

Exécuté par ordre de S. E. le Prince A. de Démidoff

30. **Morelli.** (1844.)

S. A. I. le Comte de Survilliers Joseph Napoléon, ancien Roi d'Espagne, sur son lit de mort.

Toile. Hauteur 0m,55. — Largeur 0m,93.

Le Prince est mort au Palais Serristori, à Florence.

Exécuté par ordre de S. E le Prince A de Démidoff.

31. **Horace Vernet**. (1811.)

Entrée à Breslau de S. A. I. le Prince Jérôme Napoléon de France, Commandant l'Armée des Alliés en Silésie, le 7 Janvier 1807.

Toile. Hauteur 1m,86. — Largeur 2m,88.

La garnison, forte de 5000 hommes, défila le 8 devant S. A. I. le Prince Jérôme Napoléon, et fut dirigée sur le Rhin par Glogau et Mayence. Le Prince fit son entrée solennelle à Breslau, et adressa immédiatement aux habitans une proclamation des plus rassurantes. Selon les ordres de l'Empereur, il prescrivit ensuite de faire les préparatifs nécessaires pour démolir les fortifications. —

(A. du Casse, *Opérations du 9e Corps de la grande Armée en Silésie.*)

Provenant de S. A. I. le Prince Jérôme.

32. **Horace Vernet**. (1840.)

Napoléon sortant du Tombeau.

Toile. Hauteur 0m,64. — Largeur 0m,53.

33. **Grenier**. (1844.)

Adieux de l'Empereur Napoléon à l'Impératrice Marie-Louise en 1813. — Campagne de Dresde.

Après avoir reçu les derniers embrassements de l'Impératrice émue, désolée de cette séparation, il partit le 15 Avril, aussi ardent, aussi confiant qu'au début de ses plus belles campagnes.

Thiers, *Histoire du Consulat et de l'Empire.*

Toile. Hauteur 0m,65. — Largeur 0m,54.

Provenant de la Galerie de S. E. le Prince A. de Démidoff.

34. **Horace Vernet**. (1812.)

Attaque du Camp retranché à Glatz, par l'Armée des Alliés commandée par S. A. I. le Prince Jérôme Napoléon de France, le 23 Juin 1807.

Toile. Hauteur 1^m,88. — Largeur 2^m,82.

A l'entrée de la nuit, Vandamme fit passer la Neiss à ses troupes: deux divisions arrivèrent en bon ordre et en silence, tout près du Camp retranché. Au signal convenu, elles s'élancèrent avec une intrépidité sans égale sur les retranchements ennemis. Le mamelon où se trouvait le Prince, éclairé par les caissons en feu, devint le but principal des boulets et des obus; mais en moins d'une heure l'affaire était décidée en notre faveur.

(A. DU CASSE. *Opérations du 9e Corps de la grande Armée en Silésie.*)

Provenant de S. A. I. le Prince Jérôme.

35. **Steuben**.

L'Empereur Napoléon et le Roi de Rome (1813.)

Toile. Hauteur 0^m,67. — Largeur 0^m,57.

Napoléon est dans son Cabinet, au Palais des Tuileries; au fond, le Baron de Méneval, secrétaire particulier de l'Empereur, est occupé à écrire.

Provenant de la Galerie de S. E. le Prince A. de Démidoff.

36. **Scifoni** (Madame.)

Portrait en buste de S. A. I. le Prince de Montfort, Jérôme Napoléon, ancien Roi de Westphalie.

Toile ovale. Hauteur 0^m,72. — Largeur 0^m,57.

Ce portrait a été exécuté lorsque S. A. I. habitait Florence, vers l'année 1844.

Don de S. A. I. le Prince Jérôme.

37. **C. B. Parant.** (1813.)

L'Impératrice Marie-Louise et le Roi de Rome devant le buste de l'Empereur Napoléon.

Porcelaine ovale. Hauteur 0^m,37. — Largeur 0^m,47.

Imitation de camée.

38. **Sasso** d'après GÉRARD.

Portrait en buste de S. M. la Reine de Westphalie Princesse Catherine de Würtemberg.

Toile. Hauteur 0^m,60. — Largeur 0^m,49.

39. **Gérard**. (1805.)

Portrait en buste de S. A. I. le Prince Louis Napoléon, depuis Roi de Hollande.

Toile. Hauteur $0^m,65$. — Largeur $0^m,55$.

Le Prince est représenté en uniforme de Colonel des Dragons. — Ce portrait, donné par le Roi Louis à sa Nièce, la Princesse Charlotte fille du Roi Joseph Napoléon, a appartenu, après la mort de cette Princesse, à Madame la Comtesse de Survilliers, puis au Prince de Canino, fils aîné de Lucien Bonaparte.

Voir aux pièces justificatives, n° 21.

40. **Mórghen**.

L'Empereur quittant l'Armée après le passage de la Bérésina. — Retraite de Russie.

Toile. Hauteur $0^m,74$. — Largeur $1^m,02$.

Le même jour, 5 décembre (1812), l'Empereur prit la route de Paris, laissant le commandement en chef de l'armée au Roi de Naples. Il voyagea dans un traîneau, sous le nom du Duc de Vicence qui l'accompagnait.

(P. M. Laurent de l'Ardèche. *Histoire de l'Empereur Napoléon.*)

Provenant de la Galerie de S. E. le Prince A. de Démidoff.

41. **Hippolyte Bellangé**. (1851.)

Episode de la retraite de Russie.

Toile. Hauteur $0^m,65$. — Largeur $0^m,95$.

On marchait les uns contre les autres, en troupe armée ou désarmée, dans un silence de stupéfaction, dans une tristesse profonde; ne disant mot, ne regardant rien, se suivant les uns les autres, et tous suivant l'avant-garde, qui suivait elle-même la route de Wilna partout indiquée. A mesure qu'on marchait, le froid, agissant sur les plus faibles, leur ôtait d'abord la vue, puis l'ouïe, bientôt la connaissance, puis au moment d'expirer, la force de se mouvoir. Alors seulement, ils tombaient sur la route, foulés aux pieds par ceux qui venaient après, comme des cadavres inconnus. Les plus forts du jour étaient à leur tour les plus faibles du lendemain, et chaque journée emportait de nouvelles générations de victimes.

(A. Thiers. *Histoire du Consulat et de l'Empire.*)

Exécuté pour S. E. le Prince A. de Démidoff.

42. **Charlet**. (1837.)

Episode de la Guerre de l'Indépendance en Espagne — Bénédiction de la Guerilla.

Toile. Hauteur $0^m,65$. — Largeur $0^m,95$.

Exécuté pour S. E. le Prince A. de Démidoff.

43. **Debelle**.

L'Empereur Napoléon arrivant au Palais des Tuileries le 20 Mars 1815.

Toile. Hauteur 0m,71. — Largeur 0m,95.

A deux heures, le 20 Mars, Napoléon se mit en route de Fontainebleau pour Paris; retardé par la foule amoncelée sur son passage et par les félicitations des troupes et des Généraux accourus au devant de lui, il ne put arriver qu'à 9 heures du soir. Aussitôt qu'il mit pied à terre, on se précipita sur lui: mille bras l'enlevèrent et le portèrent en triomphe.

(Fleury de Chaboulon. *Mémoires pour servir à l'Histoire du retour et du Règne de Napoléon en* 1815.)

Provenant de la Galerie du Prince Démidoff.

44. **Lucas** d'après Gros.

Portrait en buste du Général Bonaparte, Premier Consul de la République Française.

Toile ovale. Hauteur 0m,83. — Largeur 0m,64.

Provenant de S. A. Mme la Princesse Baciocchi.

45. **Kinson**. (1808.)

Portrait en buste de S. M. le Roi de Westphalie Jérôme Napoléon.

Toile. Hauteur 0m,60. — Largeur 0m,49.

Le Roi porte l'Uniforme des Grenadiers à pied de sa Garde.

Provenant de S. A. I. le Prince Jérôme.

46. **Mauzaisse.**

Portrait du Roi de Rome.

Toile ovale. Hauteur 0m,31. — Largeur 0m,22.

47. **Sasso.** (1845.)

Portrait en buste de S. A. I. le Prince Napoléon, fils de S. A. I. le Prince Jérôme Napoléon.

Toile ovale. Hauteur 0m,72. — Largeur 0m,57.

Don de S. A. I. le Prince Napoléon.

48. **Gros.**

Portrait du Général Bonaparte au Pont d'Arcole. (1796.)

Toile. Hauteur 1m,30. — Largeur 0m,92.

Le Général Bonaparte est avec la Division Augereau; il veut emporter Arcole, mais ce village résiste à tous les assauts. Il ordonne alors un dernier effort. Sa colonne de Grenadiers est encore prise en flanc, elle s'arrête indécise sous la mitraille. Bonaparte voit ce moment terrible; il descend de cheval, saisit un drapeau et s'élance sur le pont. *Soldats! s'écrie-t-il, n'êtes-vous plus les braves de Lodi? suivez-moi!* A sa voix un certain nombre de soldats montent sur la chaussée et marchent en avant, mais le trouble règne vers la queue de la colonne dont la tête seule suit le mouvement communiqué. Bonaparte, le drapeau à la main, s'avance à travers une grêle de balles et de mitraille. Il est entouré de ce fameux État-Major, qui doit donner à l'armée ses plus illustres généraux, etc.

(A. Norvins. *Histoire de Napoléon.*)

49. **Ary Scheffer.** (1842.)

Portrait de S. A. I. Madame la Princesse Mathilde.

Toile. Hauteur 1m,70. — Largeur 0m,84.

50. **Morelli.**

Funérailles de S. A. I. le Comte de Survilliers, Joseph Napoléon, ancien Roi d'Espagne, dans l'Eglise de Santa Croce à Florence.

Esquisse sur papier. Hauteur 0m,21. — Largeur 0m,27.

Ce Tableau se trouve dans la Sacristie.

51. **Morelli.**

Intérieur du Caveau de l'Eglise de Santa Croce à Florence, lors de l'inhumation de S. A. I. le Comte de Survilliers, Joseph Napoléon, ancien Roi d'Espagne.

Esquisse sur papier. Hauteur 0m,21. — Largeur 0m,27.

Ce Tableau se trouve dans la Sacristie.

TABLEAUX DE LA CHAPELLE.

52. **O'Connell**. (1859.)

Tableau d'Autel: Saint-Martin.

Toile. Hauteur 2m,42. — Largeur 1m,60.

53. **Morelli**. (1856.)

Saint-Pierre et Saint-Paul.

Toile. Hauteur 1m,98. — Largeur 1m,05.

54. **O'Connell**. (1858.)

Saint-Jacques et Saint-Mathieu.

Toile. Mêmes dimensions que ci-dessus.

55. **Morelli**. (1856.)

Saint-Napoléon.

Toile. Mêmes dimensions que ci-dessus.

56. **Morelli**. (1856.)

Saint-Jérôme.

Toile. Mêmes dimensions que ci-dessus.

57. **Morelli**. (1856.)

Saint-Anatole.

Toile. Mêmes dimensions que ci-dessus.

58. **Morelli**. (1856.)

Saint-Nicolas.

Toile. Mêmes dimensions que ci-dessus.

SUJETS PEINTS EN GRISAILLE.

59. **O'Connell**. (1858.)

Saint-Pierre et Saint-Paul en prière.

Toile. Hauteur $0^m,76$. — Largeur $1^m,05$.

60. **O'Connell**. (1858.)

Saint-Jacques remerciant Dieu d'avoir accompli son pélerinage, et Saint-Mathieu écrivant l'Evangile.

Toile. Mêmes dimensions que ci-dessus.

61. **O'Connell**. (1858.)

Saint-Napoléon en captivité.

Toile. Mêmes dimensions que ci-dessus.

62. **O'Connell**. (1858.)

Pénitence de Saint-Jérôme.

Toile. Mêmes dimensions que ci-dessus.

63. **O'Connell**. (1858.)

Martyre de Saint-Anatole.

Toile. Mêmes dimensions que ci-dessus.

64. **O'Connell**. (1858.)

Saint-Nicolas.

Toile. Mêmes dimensions que ci-dessus.

AQUARELLES ET MINIATURES.

65. **De Sainson**. (1851.)

Vue de la Villa Impériale de San Martino et de la terrasse, telles qu'elles étaient avant l'adjonction du Musée.

Don de l'Auteur.

66. **Raffet**. (1852.)

Grenadier à pied de la Garde Impériale.

Don de l'Auteur.

67. **Isabey**.

Napoléon dans son Cabinet au Palais des Tuileries.

Provenant du Prince Achille Murat, 1843.

68. **Raffet.**

L'Empereur Napoléon.

Ce dessin, don de l'Auteur, a été exécuté le jour même de la prise de possession par M. le Prince Démidoff du domaine de San Martino, 15 août 1851.

69. **Raffet.**

Portraits des personnes qui ont assisté à la prise de possession du domaine de San Martino par le Prince Démidoff, 15 août 1851.

S. E. le Prince Anatole de Démidoff, MM. Auguste de Sainson, Auguste Raffet, George Ramsay, Niccolò Matas, architecte du Musée, le Docteur Albert Schaffter, Hippolyte Duval, Alexandre Melchior, Louis Melchior.

Don de l'Auteur.

70. **Girard.** (1857.)

Site de l'Ile d'Elbe; Rocher au sommet duquel l'Empereur Napoléon avait établi une vigie pendant l'été de 1814.

Don de l'Auteur.

71. . . . .

Portrait en Miniature de S. A. I. le Prince Jérôme Napoléon, Contre-Amiral de la Marine Impériale, 1805.

Provenant de S. A. I. le Prince Jérôme.

72. . . . .

Portrait en Miniature de S. A. I. Madame la Princesse Mathilde Napoléon, dans son enfance.

Provenant de S. A. I. le Prince Jérôme.

73. **Hippolyte Bellangé.**

Le Marchand de Figurines de Plâtre, ou le Dieu du Peuple.

Provenant de l'Album de S. E. le Prince Démidoff.

74. . . . .

Quatre Vues à la gouache, de Napoleon's Höhe, près Cassel, Résidence d'Été de S. M. le Roi de Westphalie.

1. Le Palais.
2. Le grand jet d'eau.
3. La grande cascade.
4. Le Pont du Diable.

Provenant de S A. I. le Prince Jérôme.

75. **Charlet.** (1842).

Grenadier à pied de la vieille Garde, Campagne de France, 1814.

76. **Charlet.** (1842.)

Grenadier à pied de la vieille Garde: Retour de l'Ile d'Elbe, 1815.

Ils ne sont plus, laissons en paix leur cendre;
Par d'indignes clameurs ces braves outragés
A se justifier n'ont pas voulu descendre,
Mais un seul jour les a vengés:
Ils sont tous morts pour vous défendre.

(Casimir Delavigne. *Messéniennes.*)

PORCELAINES.

77. **Vase en porcelaine** de la Manufacture Impériale de Sèvres; forme égyptienne, champ vert foncé. Sur la face antérieure, un sujet peint sans encadrement: *Départ du Guerrier*, par Georget. Sur la face postérieure, ornement en arabesques dorées.

Provenant de S. A. I. le Prince Jérôme.

78. **Vase en porcelaine** de la Manufacture Impériale de Sèvres; forme Médicis, champ bleu indigo, arabesques d'or. Sur la face antérieure, un sujet carré oblong peint par Robert: *Chasse de l'Empereur à Choisy-le-Bac près Compiègne, Avril 1810*. Sur la face postérieure, Médaillon doré.

Provenant de S. A. I. le Prince Jérôme.

79. **Vase en porcelaine** de la Manufacture Impériale de Sèvres; forme Médicis, champ bleu indigo, arabesques d'or. Sur la face antérieure, un sujet carré oblong peint par Robert: *Déjeûner de Chasse de l'Empereur à la ferme du Buc, 1810*. Sur la face postérieure, Médaillon doré.

Provenant de S. A. I. le Prince Jérôme.

80. **Vase en porcelaine** de la Manufacture Impériale de Sèvres; forme égyptienne, champ vert foncé. Sur la face antérieure, un sujet peint sans encadrement: *Retour du Guerrier,* par Georget. Sur la face postérieure, ornement en arabesques dorées.

Provenant de S. A. I. le Prince Jérôme.

81. **Vase en porcelaine** de la Manufacture Impériale de Sèvres, forme allongée, anses en bronze doré; champ écaille, arabesques d'or. Sur la face antérieure, un sujet peint, représentant *Bonaparte premier Consul au Mont Saint-Bernard,* d'après le célèbre tableau de Louis David. Sur la face postérieure, trophée d'armes modernes en camayeu d'or.

Provenant de S. A. I. le Prince Jérôme.

82. **Vase en porcelaine** de la Manufacture Impériale de Sèvres, forme Médicis, champ écaille, arabesques d'or. Sur la face antérieure, un sujet carré oblong : *Vue prise dans le parc de Saint-Cloud, au pied de la Lanterne de Démosthènes.* Sur la face postérieure, deux griffons devant un *thuribulum.*

Provenant de S A. I. le Prince Jérôme.

83. **Vase en porcelaine** de la Manufacture Impériale de Sèvres, forme Médicis, fond écaille, arabesques d'or. Sur la face antérieure, un sujet carré oblong : *Vue du Château Impérial de Saint-Cloud, côté du parc.* Sur la face postérieure, deux griffons devant un *thuribulum.*

Provenant de S. A. I. le Prince Jérôme.

84. **Petit buste**, en biscuit de Sèvres, de S. M. le Roi de Westphalie, Jérôme Napoléon.

85. **Petit buste**, en biscuit de Sèvres, de S. M. la Reine de Westphalie, Princesse Catherine de Würtemberg.

BRONZES.

86. Réduction au 24me de la **Colonne de la Grande Armée**, érigée à Paris sur la place Vendôme; reposant sur un socle en marbre blanc entouré d'une grille; par Brenet, graveur en Médailles. Base en porphyre rouge, ornée de bronzes dorés.

87. **Buste en bronze** noir de l'Empereur Napoléon, avec une couronne de lauriers en bronze doré, d'après le buste en marbre de Canova. — Fondu par Clément Papi à Florence.

88. **Statuette équestre** en bronze noir de l'Empereur Napoléon, par M. le Comte d'Orsay.

89. **Statuette équestre** en bronze de l'Empereur Napoléon, éditée par Asse à Paris. Piédestal carré avec quatre Aigles aux angles et le chiffre **N** sur la face.

90. **Petit Buste** en bronze noir de l'Empereur Napoléon couronné de lauriers; par Thomire, 1806. — Socle en marbre blanc.

91. **Statuette en bronze.** Le Général Bonaparte monté sur un chameau (Campagne d'Egypte), par Debraux.

92. **Figurine**, emblème de l'Empereur Napoléon sur le Rocher de Sainte-Hélène, avec la date de 1815, par Jacques.

93. **Statuette en bronze** de S. A. R. la Princesse Catherine de Würtemberg, Princesse de Montfort, Reine de Westphalie, belle-sœur de l'Empereur Napoléon. — Piédestal en marbre noir, avec cette inscription:

> « Par sa noble conduite, cette Royale Princesse s'est inscrite dès lors, de ses propres mains, dans l'Histoire. »
>
> NAPOLÉON.

94. **Pendule de Le Roy**, Horloger de Madame et de l'Empereur: cadran doré à heures simples; socle en marbre jaune de Sienne, orné des deux côtés, des Armes de Westphalie en bronze doré, surmontée du buste en bronze noir de S. M. le Roi Jérôme de Westphalie.

Provenant de S. A. Madame la Princesse Baciocchi.

95. **Pendule de Le Roy**, Horloger de Madame: heures horizontales; socle en marbre jaune de Sienne, orné des deux côtés, des Armes de Westphalie, en bronze doré; surmontée du buste en bronze noir de S. M. la Reine de Westphalie, Princesse Catherine de Würtemberg, par Bosio, 1811.

Provenant de S. A. Madame la Princesse Baciocchi.

96. **Pendule de Le Roy**, Horloger de S. M. le Roi de Westphalie: cadran doré, dates du mois et jours de la semaine; socle en porphyre rouge, orné des deux côtés, des Armes du Grand Duché de Lucques et de Piombino; surmontée du buste en bronze noir de S. A. I. Madame la Grande Duchesse Elisa Baciocchi; par Dumont, 1810.

Provenant de S. A. Madame la Princesse Baciocchi.

97. **Petit Presse-papier** en bronze: tête couchée de Napoléon couronnée de lauriers.

98. **Petit Presse-papier** en bronze: masque mortuaire de Napoléon.

99. **Petit Presse-papier** formant écritoire en marbre noir, orné du chapeau historique de Napoléon et d'attributs en bronze.

100. **Huit grands Candelabres** en bronze doré, socles en malachite, base en bronze; chaque candelabre portant huit lumières.

Quatre représentent des Génies ailés, quatre représentent des Gloires ailées.

Provenant de S. A. I. le Prince Jérôme.

RELIQUES DE L'EMPEREUR NAPOLÉON

ET DE PRINCES DE LA FAMILLE IMPÉRIALE.

101. **Une dent de Napoléon enfant**, montée dans un chaton à perles d'or.

Provenant de Madame Letizia, qui en fit don à S. A. I. le Prince Jérôme

102. **Cheveux de l'Empereur**, contenus dans un médaillon.

103. **Cheveux du Roi de Rome**, contenus dans un médaillon.

104. **Cheveux de S. M. le Roi Joseph**, comte de Survilliers, contenus dans un médaillon.

105. **Cheveux de S. M. la Reine d'Espagne**, Julie comtesse de Survilliers, contenus dans un médaillon.

OBJETS

AYANT APPARTENU A L'EMPEREUR NAPOLÉON.

106. **Un Cachet de Bureau**, en argent, aux Armes Impériales, manche en ébène.

L'Empereur se servait habituellement de ce Cachet.

Voir aux Pièces justificatives: n° 4.

107. **Une Tabatière** ovale en écaille doublée d'or, signée "*Biennais, Orfèvre de l'Empereur*" ornée de deux Médailles grecques: *Antiochius et Démétrius,* en argent cerclées d'or, trouvées dans une des pyramides d'Egypte.

L'Empereur se servait ordinairement de cette Tabatière.

Voir aux Pièces justificatives: n° 4.

108. **Une Tabatière** ronde, en écaille, doublée d'or, ornée de deux Médailles en argent, l'une de *Charles-Quint,* l'autre de *François Premier.*

Donnée par S. S. le Pape Pie VII à l'Empereur, à l'occasion du Sacre, 1804.

Voir aux Pièces justificatives une notice de M. Joseph Tastu sur la Médaille de Charles-Quint en particulier, et un Certificat de S. A. I. le Prince Jérôme: n°s 2, 3 et 4.

109. **Une Tabatière** ovale oblongue, en écaille doublée d'or, ornée du portrait en miniature de l'Impératrice Marie-Louise par Isabey; avec la date: "*2 Avril 1810*" incrustée en or au bas du portrait, et le chiffre *L. N.* au-dessus. Signée: *M. E. Nitot et fils, Orfèvres.*

L'Empereur Napoléon serrait cette boîte dans sa main, au moment où il expira à Sainte-Hélène.

Voir aux Pièces justificatives: n° 4.

110. **Une petite Pendule de table**, en cuivre, carrée, à répétition et réveil. Cadran émail blanc, chiffres romains noirs; signée: *Lepaute, Horloger de l'Empereur, à Paris.*

Cette pendule se trouvait sur la table de Napoléon au moment de sa mort. Elle fut destinée à son fils, et après la mort du Duc de Reichstadt elle devint le partage de S. A. I. le Prince Jérôme.

Voir aux Pièces justificatives: n° 13.

111. **Un Aigle** en argent, provenant de la vaisselle de l'Empereur Napoléon à Sainte-Hélène, avec un socle en marbre sur lequel est gravé :

« L'Empereur Napoléon, obligé de faire fondre son argenterie à Sainte-Hélène, en conserva les Aigles pour être envoyés à sa famille : celui-ci fut remis au Roi Jérôme. »

112. **Une décoration de la Couronne de Fer.** Aigle en or, surmontant la Couronne émaillée, avec cette devise : *Dio me la diede, guai a chi la tocca.*

Napoléon a souvent porté cette Décoration.

Voir aux Pièces justificatives : n° 4.

113. **Trois rubans** des ordres de la Légion d'Honneur, de la Réunion et de la Couronne de Fer.

Portés par l'Empereur.

Voir aux Pièces justificatives : n° 4.

114. **Une épingle.** Aigle en or, semé de perles fines.

115. **Un grand Album** renfermant des sujets Chinois, relié en maroquin rouge, orné sur la couverture d'un portrait-médaillon en miniature de l'Impératrice Joséphine, par Isabey, et d'un autre portrait de femme placé sous le même médaillon. Etui en velours vert, avec Aigle en bronze.

116. **Une Tasse** de voyage, en cuir, dont l'Empereur se servait pour boire dans ses promenades à l'Ile d'Elbe.

Don de M. Claude Holard, Jardinier de l'Empereur en 1814.

117. **Une Cocarde** portée par l'Empereur à son arrivée à Portoferraio en 1814, et quittée pour prendre la nouvelle Cocarde instituée par lui à l'Ile d'Elbe.

Don de M. George Manganaro, qui en devint possesseur à la mort du Secrétaire de la Mairie de Portoferraio, lequel avait recueilli la Cocarde au moment du changement.

Voir aux Pièces justificatives: n° 5.

118. **Une Cuiller à bouche**, en argent, avec Armes impériales en relief.

119. **Une Fourchette** en argent, avec Armes impériales en relief.

120. **Un Couteau de Table**, en argent, avec Armes impériales en relief, lame de Grangeret, coutelier à Paris.

121. **Une Cuiller à Café**, en argent, Armes gravées, portant le N° 75.

122. **Une Timbale** en argent, Armes gravées, portant le N° 18.

Ces pièces d'argenterie proviennent de M Gentilini, attaché au Service de l'Empereur à Sainte-Hélène, et qui les reçut en cadeau lorsqu'il quitta cette île.

Voir aux Pièces justificatives: n° 6.

123. **Une Culotte de casimir blanc.**

124. **Une Chemise de toile.**

125. **Une paire de bas de soie.**

126. **Un mouchoir de poche.**

127. **Une Serviette damassée.**

Provenant de M. Gentilini, qui les reçut en don en quittant Sainte-Hélène, en même tems qu'un Brevet de pension.

Voir aux pièces justificatives: n° 7.

OBJETS RELATIFS A LA MORT DE NAPOLÉON

ET AU TRANSPORT DE SES RESTES EN FRANCE.

128. **Testament de Napoléon**. Petit exemplaire imprimé et annoté.

Provenant de S. A. I. le Prince Jérôme.

129. **Testament de Napoléon**. Grand exemplaire *manuscrit* sur parchemin, relié en chagrin noir, agrafes d'argent, N et Aigles couronnés, gauffrés à froid.

Exécuté par les ordres de S. E. le Prince A. de Démidoff, spécialement pour le Musée de San Martino.

130. **Masque en plâtre de Napoléon**. Première épreuve faite d'après le moule pris par le Dr Antommarchi après la mort de l'Empereur. Cette épreuve a servi de type à tous les masques de Napoléon tirés depuis le retour d'Antommarchi en Europe.

Voir aux Pièces justificatives: n° 8 et 9.

131. **Masque en bronze de Napoléon.** Fondu d'après l'épreuve désignée ci-dessus, ayant appartenu au Dr Antommarchi, dont le nom est coulé dans le bronze, et dont la signature sur papier est fixée au sommet.

Don de M. Alexandre Melchior.

132. **Trois Médailles**, en or, argent, et bronze, frappées en commémoration de la publication du *Mémorial de Sainte-Hélène*, par l'éditeur Ernest Bourdin à Paris, et en mémoire de la Cérémonie funèbre du 15 Décembre 1841.

Face: Napoléon Empereur.
Revers: Tombeau de Sainte-Hélène.

Don de M. Ernest Bourdin.

133. **Fragmens et Souvenirs du Tombeau de Sainte-Hélène** ; savoir :

Feuilles de saule cueillies sur le Tombeau de l'Empereur le 28 Février 1829, par M. Auguste de Sainson, au retour du voyage de l'*Astrolabe* commandée par Dumont d'Urville.

Feuilles, bois de saule, bois de la barrière et de l'ancien Cercueil.

Ciment du Tombeau, terre, sciure du bois du cercueil.

Voir aux Pièces justificatives : n° 10.

134. **Un Presse-papier**, composé d'un fragment de ciment du Tombeau de Sainte-Hélène.

Envoyé par M. Marchand, ancien Valet-de-Chambre de l'Empereur, à S. A. I. Madame la Princesse Mathilde.

Voir aux Pièces justificatives: n° 11.

135. **Un Modèle exact du Cercueil** dans lequel sont renfermés les restes mortels de l'Empereur à Paris, exécuté en bois d'ébène comme le cercueil lui-même, et portant l'inscription "NAPOLÉON" en bronze sur le couvercle.

Six poignées en couronne et bronzes aux angles.

Sur le bois de la partie inférieure de ce cercueil on lit l'inscription suivante tracée à l'encre :

« J'ai été chargé d'exécuter le cercueil en ébène dans lequel repose l'Empereur Napoléon, et avec des débris du même bois j'ai fait, par ordre de M. le Prince Démidoff, le petit cercueil qui est la représentation exacte du premier, et à 1/3 de l'exécution.

» Paris, 28 Février 1842.

» L. E. LEMARCHAND

» *Chevalier de la Légion-d'Honneur,*

» *Ebéniste du mobilier de la Couronne.* »

136 **Deux boîtes rondes**, incrustées d'argent, avec l'inscription "NAPOLÉON"—exécutées avec les fragmens du bois d'ébène employé pour le cercueil de l'Empereur.

137. **Une pièce du Drap mortuaire**, violet à Aigles d'or, qui recouvrait le char funèbre de Napoléon lors de l'entrée à Paris de sa dépouille mortelle; disposée sur un meuble en forme d'écran surmonté d'un Aigle de bronze aux ailes éployées.

Cet Aigle, reproduction exacte de ceux qui ornaient le Catafalque, est un don de M. le Comte Honoré de Sussy.

138. **Une Trompe en cuivre**, ornée d'un fanon tricolore, dite *Trompette Romaine.*

Cet instrument est du nombre de ceux qui furent fabriqués expressément pour l'exécution des marches funèbres composées par MM. Auber et Halévy, lors de la Cérémonie du 15 Décembre 1840.

Don de M. le Comte Honoré de Sussy

Voir aux Pièces justificatives, n° 12.

139. **Une Médaille** en argent, grand module, frappée en mémoire du passage à Rouen des restes de l'Empereur Napoléon le 10 Décembre 1840, gravée par Depaulis.

140. **Une Tabatière** en écaille sculptée, représentant d'un côté l'habitation de Longwood, et de l'autre le Tombeau de Napoléon à Sainte-Hélène.

OBJETS

AYANT APPARTENU A DES PRINCES DE LA FAMILLE IMPÉRIALE.

141. **Portrait de l'Empereur Napoléon**, miniature par Galli, monté sur une broche en or.

142. **Portrait du Roi de Rome**, miniature signée *M. 1815*; médaillon monté sur une broche en or.

143. **Bracelet** ayant appartenu à S. M. la Reine de Westphalie, donnant en Acrostiche, selon l'ini-

tiale du nom de chaque pierre, la date de la naissance de la Reine.

Lettres **C J** en roses (Catherine Jérôme).

N Nacre.
É Émeraude.
E Emeraude.
L Labrador.
E Emeraude.
21, date du mois, en roses.
F Feldspath.
E Emeraude.
V Vermeille.
R Rubis.
I Iris.
E Emeraude.
R Rubis.
1793, année de la naissance.

144. **Bague chevalière** ayant appartenu à S. M. la Reine de Westphalie : chaton émaillé, avec un vaisseau et la devise "*Je te ramènerai*" surmonté du profil de Napoléon en or.

145. **Montre de Bréguet**, N° 2070. Boîte en platine, doublée d'or : d'un côté, la carte du Royaume de Westphalie ; de l'autre, une coquille avec le chiffre *C* couronné. Perles fines au

pourtour pour marquer les heures; clef Bréguet en or.

Cette montre fut donnée par l'Empereur à S. M. la Reine de Westphalie à l'époque où elle vint à Paris pour son mariage (1807).

Une chaîne d'or, dont cette montre est accompagnée, a servi à fermer la garde du sabre du Maréchal Prince Poniatowsky.

Le médaillon attaché à cette chaîne renferme des cheveux de l'Empereur, et a été envoyé de Sainte-Hélène, comme legs particulier à S. A. I. Madame la Princesse Mathilde.

146. **Nécessaire de Toilette** ayant appartenu à S. M. le Roi de Westphalie, renfermé dans une boîte en maroquin vert, avec écusson aux armes du Royaume gravées sur vermeil.

Ce Nécessaire contient 28 pièces de la coutellerie de Grangeret à Paris, montées en vermeil avec chiffre et couronne, savoir: 14 paires de ciseaux divers, 8 instrumens de pédicure, 3 limes et 3 pinces.

147. **Boîte ronde bonbonnière** doublée d'or; Email bleu semé de perles fines, avec l'Aigle de France, et les Armes de Westphalie et de Wurtemberg réunies, en or; entourée de l'inscription "*Character und aufrichtigkeit*" (Fermeté et Franchise).

Ayant appartenu à S. M. la Reine de Westphalie.

148. **Grand Nécessaire-écritoire**, donné en 1810 par S. M. la Reine de Westphalie au Roi Jérôme. Boîte en bois de racine, garnie extérieurement d'ornements d'acier sur lesquels ressortent des Aigles et des Abeilles d'or. Au milieu le chiffre *J. N.* avec couronne Royale.

Ce Nécessaire renferme.

1 Encrier en vermeil.
1 Poudrière.
2 Boîtes à pains à cacheter.
2 Presse-papiers en acier surmontés d'un Lion.
2 Porte-bougies.
1 Flacon à sandaraque.
1 Sonnette surmontée de l'Aigle impériale.
1 Cachet aux armes de Westphalie.
1 Cachet avec figures allégoriques, manche en nacre.
1 Poinçon, manche en nacre.
1 Pied-de-Roi en nacre.
2 Compas, dont un avec rechanges.
1 Paire de ciseaux à papier.
1 Porte-crayon en vermeil.
1 Couteau à papier en vermeil, manche en nacre.
1 Grattoir, manche en nacre.
1 Canif, manche en nacre.
1 Tire-lignes, manche en nacre.
1 Règle plate en ébène.
1 Règle carrée incrustée d'or.
1 Loupe montée en cuivre.
1 Pointe en acier pour ouvrir les secrets.
9 Canons de clefs de montre.
1 Petite clef.

Il est contenu dans une caisse revêtue de cuir avec ferrures en cuivre portant l'inscription " *Ecritoire pour le service de S. M. le Roi de Westphalie.* "

Voir aux Pièces justificatives: n° 14.

149. **Nécessaire de Toilette** ayant appartenu à S. M. le Roi de Westphalie. Boîte ovale en maroquin, avec les Armes du Royaume sur plaque d'argent — Coutellerie de Grangeret à Paris, ornée de vermeil.

Renfermant:

12 Paires de ciseaux.
8 Instrumens de pédicure.
3 Pinces.
2 Limes.
1 Cure-oreilles.

150. **Petit buste de l'Empereur Napoléon**, en bronze doré, avec piédestal du même métal, orné du chiffre *N*, par Biennais, orfèvre de LL. MM. II. et RR. à Paris.

151. **Petit buste de S. M. le Roi de Westphalie**, en bronze doré, avec piédestal du même métal, orné du chiffre *J. N.*, par Biennais à Paris.

152. **Petit buste de S. M. le Roi de Westphalie**, semblable au précédent; bronze par Biennais. Pendule dans le socle, signée "*Fort, à Paris.*"

Cette pendule se trouve sur la cheminée de la chambre à coucher de l'Empereur, à la Villa impériale.

153. **Une poignée de glaive**, surmontant une lame brisée, échue en partage à S. A. I. le Prince Jérôme en vertu du Testament de l'Empereur Napoléon.

Cette poignée d'épée, formée d'une pièce de jaspe entourée d'or, se compose, au sommet, d'une figure d'Atlas soutenant le globe terrestre. La partie antérieure de la garde représente une tête d'Eléphant; la partie postérieure, un cou de chameau dont la tête est tournée vers la droite. Ces deux figures sont reliées par une coquille externe, consistant en un médaillon de lapis-lazzuli, sur lequel se détache un cheval en or. Sur la coquille interne, c'est-à-dire sur la partie qui touche le flanc, un relief d'or sur fond de lapis représente le sphinx et les pyramides d'Egypte. Le reste de la garde est revêtu de draperies en or ciselé et guilloché; elle est fermée par un faisceau consulaire d'or émaillé, entouré d'une spirale de laurier et s'appuyant sur la tête de l'Eléphant.

Cet objet, d'un grand intérêt artistique indépendamment de la valeur historique qu'il peut revendiquer, est désigné dans le Testament de Napoléon sous la simple dénomination de "*Une poignée de glaive antique.*" Or cette poignée passait, dans la famille Impériale, — on ne saurait dire en vertu de quelle tradition, — pour avoir appartenu à une épée de François Premier, œuvre d'un artiste fameux de son tems, Serafino da Brescia.

A l'époque où le nom du Prince Démidoff se trouva mentionné dans un acte authentique qui lui attribuait la possession éventuelle de cette "épée de François Premier," une controverse artistique et politique assez ardente s'éleva pour disputer au Prince impérial, père de Madame la Princesse Mathilde, le droit de disposer d'un trophée qui devait appartenir à la France et que Napoléon lui-même n'aurait pas été autorisé à léguer à sa dynastie.

La discussion qui eut lieu à ce sujet, et dont on retrouve les documens dans nos Pièces justificatives, a eu du moins pour résultat de rétablir la vérité et de détruire une confusion acceptée sans examen, entre l'épée de bataille, l'épée historique de François Premier, rendue à Pavie par le Roi prisonnier, et une arme de fantaisie, un glaive d'apparat, que le Roi chevalier aurait commandé à un artiste italien.

Il résulte, en effet, des investigations poursuivies par les soins du Prince Démidoff:

Que la "poignée de glaive antique" dont il est ici question, ne saurait être confondue avec l'épée de Pavie, qui, retrouvée à "l'Armeria" de Madrid par l'Armée française lors de la guerre d'invasion, revint en 1815, après de singulières vicissitudes, au Musée d'Artillerie de Paris où elle est encore;

Mais que rien n'empêche non plus de penser que la garde d'épée dont il est ici question, ne soit celle dont il est parlé dans les fastes de Brescia (*) comme d'une œuvre remarquable de Serafino, qui reçut en récompense, du Roi très-chrétien, le don d'une chaîne d'or et l'octroi du titre de Chevalier.

Quoi qu'il en soit, l'inspection seule de ce curieux objet fait reconnaître que si le fond du travail est italien, et du meilleur tems de l'art de la ciselure, il a subi d'importantes modifications dans les tems modernes.

L'hypothèse la plus probable est que le Premier Consul, devenu possesseur de l'épée, ou du fragment d'épée, par une circons-

(*) *Elogi historici di Bresciani illustri*. Teatro di Ottavio Rossi. Brescia 1620.

tance dont l'histoire de son tems ne laisse aucune trace, aura profité des allégories africaines qui décorent la garde, pour faire compléter le travail par les attributs consulaires et par le médaillon où sont figurées les pyramides.

Voir aux Pièces justificatives: n° 15, onze documens.

154. **Petit Nécessaire de travail**, ayant appartenu à S. A. I. la Grande-Duchesse Elisa Baciocchi. Fond en malachite, fleurs en mosaïque, abeilles et chiffre *E* incrustés en ivoire.

Ce Nécessaire renferme 5 objets:

1 Paire de ciseaux garnis en nacre et or.
1 Etui à aiguilles garni en nacre et or.
1 Dé à coudre garni en nacre et or.
1 Porte-crayon en or.
1 Passe-lacet en or.

155. **Une boîte à bijoux**, en acajou et cuivres incrustés, ayant appartenu à S. A. I. la Princesse Pauline Borghèse, exécutée par Biennais.

156. **Reliquaire** en bois des Iles découpé à jour, avec l'inscription: *Casarano D.D.D.*, servant d'encadrement à deux portraits en miniature: BONAPARTE PREMIER CONSUL, par Isabey; — NAPOLÉON EMPEREUR, par Augustin.

157. **Meubles-sièges garnissant le Musée**, ayant appartenu à S. A. I. le Comte de Survilliers, ancien Roi d'Espagne.

2 Canapés à quatre places.
2 Canapés à trois places.
14 Fauteuils.
14 Chaises.
8 Tabourets en forme d'X.
1 Écran.

Ces meubles recouverts de velours vert foncé sont en bois doré avec pieds à griffes.

OBJETS D'INTÉRÊT HISTORIQUE.

158. **Carte murale** du Théâtre de la Guerre en Italie et dans les Alpes depuis le passage du Var, le 29 Septembre 1792, jusqu'à l'entrée des Français à Rome, le 22 Pluviôse an VI de la République; avec les limites et divisions des nouvelles Républiques; par Bacler d'Albe, Capitaine de Canonniers, attaché pendant toute la guerre au Général Bonaparte en qualité de chef de son Bureau Topographique.

Une Feuille sur toile. Hauteur 3m,07. — Largeur 3m,28.

Provenant de M. le Baron Bacler d'Albe.

Voir aux Pièces justificatives: n° 16.

6

159. **Drapeau-Colonel** du 1er Bataillon du Régiment de la Fère, Artillerie, 1790. (Copie exacte.)

Drapeau blanc, avec une croix de Saint-André tracée par des fleurs de Lys.

L'Artillerie avait obtenu cette distinction au siège de Douai. Comme tous ceux du même tems, ce Drapeau avait la cravate blanche. Un décret de l'Assemblée Constituante, en date du 22 Octobre 1790, y substitua une cravate aux couleurs nationales.

Il n'est pas sans intérêt de rappeler que la matricule militaire de Napoléon, à cette époque, se formulait ainsi: "*Napoleone de Buonaparte, 8e lieutenant en second, 1er Régiment d'Artillerie à pied de la Fère, 1er Bataillon, 5e Brigade, Compagnie Coquebert.*"

160. **Drapeau de la République Française**, régularisé par Décret de 1794. (Copie.)

Au centre est un trophée républicain. Le No 12 est celui d'une des demi-brigades de l'Armée d'Italie, placée au pont de Ronco, à la bataille d'Arcol .

161. **Aigle de l'Empire**. (Copie exacte.)

Ce Drapeau est celui du 1er Régiment des Grenadiers à pied de la Garde Impériale. Il a pour origine le Drapeau de la Garde Consulaire, dont il avait conservé une grenade placée au haut et au bas. Jusqu'en 1811 les Drapeaux n'avaient pas d'inscriptions : c'est seulement à cette époque qu'une Ordonnance de Napoléon établit que les noms des batailles auxquelles s'était trouvé le Régiment seraient brodés sur l'étendard.

162. **Drapeau de l'Ile d'Elbe**, en 1814 et 1815. (Copie.)

Ce Drapeau fut adopté par Napoléon comme Souverain de l'Ile d'Elbe. Il fut reconnu pendant la courte période de cette Souveraineté, et figure dans l'histoire des Pavillons.

Voir aux Pièces justificatives: n° 17.

163. **Cocarde Française** de 1789 à 1793.

164. **Cocarde de la République Française**, de 1793 à 1805.

165. **Cocarde de l'Empire Français**, de 1805 à 1813.

166. **Cocarde de l'Empire Français**, de 1813 à 1814.

167. **Cocarde de la Souveraineté de l'Ile d'Elbe**, 1814 et 1815.

168. **Une pièce d'étoffe** de soie et velours, offerte au Premier Consul, et tissée en sa présence à Lyon le 26 Nivôse an X, avec le chiffre **B** et l'inscription "*Il nous a donné la paix;*" montée sur un meuble en forme d'écran, surmonté des attributs Consulaires.

169. **La première pièce d'or** frappée après la bataille de Marengo, avec les inscriptions:

Face: 20 Francs.
Revers: L'Italie délivrée à Marengo.

LIBERTÉ EGALITÉ
ERIDANIA.

Provenant de S. A. I. le Prince Jérôme.

170. **Une tête d'Aigle**, en marbre, détachée du Monument élevé à Leipzig à la mémoire du Prince Maréchal Poniatowsky.

Don de M. Georges Ramsay.

Voir aux Pièces justificatives: n° 19.

171. **Un Sifflet de Contre-Maître** de marine, en argent.

Ayant appartenu à Gentilini, Patron du Canot Impérial à l'Ile d'Elbe.

172. **Une Médaille en bronze**, frappée à l'occasion du retour de l'Ile d'Elbe en 1815, entourée d'un cercle avec anneau doré portant l'inscription "*Donnée à M. Gentilini par l'Empereur Napoléon à Sainte-Hélène le 30 Septembre 1820.*"

173. **Un Médaillon en mosaïque**, époque de l'Empire.

Sur une face, la décoration de la Légion-d'Honneur; sur l'autre, la décoration de la Couronne de Fer, avec l'inscription "*Napoléon Empereur.*"

MÉDAILLES ET MONNAIES.

174. **Bonaparte**, Général en chef, aux Pyramides.

"*Soldats! du haut de ces pyramides quarante siècles vous contemplent.*" Bronze; gravée par Bovy 1798, frappée pour la publication du poëme "*Napoléon en Egypte.*"

175. **Napoléon** Empereur et Roi. Erection du Royaume de Westphalie, 1807.

Bronze; dessinée par Denon, gravée par Andrieu.

176. **Le Roy** (sic) et la **Reine de Westphalie** visitent la Monnaie des Médailles, en Novembre 1807.

Au revers, deux Amours.

Argent.

177. **Monnaie de Westphalie** : **X**, eine feine Mark 1810. — Argent.

Une Pièce de billon de 20 centimes.
Une Pièce de billon de 3 centimes.
Une Pièce d'or de la valeur de 5 francs.

Tellier 1813.

178. **Jérôme Napoléon** Roi de Westphalie. Au revers, les principaux actes de son Règne.

Grand bronze sur le module de la collection des Rois de France.

179. **Commémoration** de la visite du Roi et de la Reine de Westphalie au Hartz.

Face: Effigie du Roi et de la Reine.
Revers: Inscription "*Gluck Auf, Clausthal den 5 August 1811.*"

Or.

180. **Médaille** destinée à être donnée comme prix.

Face: Effigie de la Grande-Duchesse Elisa Baciocchi.
Revers: Inscription "*Dignioribus munerandis.*"

Petit bronze; gravée par Galle.

181. **Médaille** destinée à être donnée en prix.

Face: Effigies réunies de la Grande-Duchesse Elisa et du Grand-Duc Félix Baciocchi.

Revers: Inscription "*Académie Napoléonienne de Lucques, instituée en 1805.*"

Argent; gravée par Santarelli.

182. **S. A. I. la Grande-Duchesse Elisa Baciocchi**. Revers : le Grand-Duc Félix. Inscription italienne.

Petit bronze.

183. **A la mémoire du baron Larrey**, Chirurgien en chef des Armées impériales.

Face: Les dates de sa naissance et de sa mort.

Revers: Le Génie de la Médecine.

Bronze.

184. **Médaille** frappée à l'occasion de l'entrée de l'Impératrice Marie-Louise sur le territoire français.

Face: La Cathédrale de Strasbourg.

Revers: "*Napoléon Marie-Louise*" dans une couronne d'olivier.

Date, 22 mars 1810.

Argent.

Don de Madame André Durand.

GRAVURES HISTORIQUES

CONTENUES DANS DEUX ALBUMS.

AVANT LE CONSULAT.

185. (1796.) **Bonaparte** franchissant les Alpes.

A. François, d'après Paul Delaroche.

Burin, épreuve d'artiste.

186. (1796). **Napoléon-le-Grand** au Mont Saint-Bernard.

A. Gibert (1809), d'après L. David.

Burin, avec lettre.

187. (1796). **Passage du Pont d'Arcole** (15 novembre).

Jazet, d'après H. Vernet.

Manière noire, avant la lettre.

188. (1799.) **Quarante siècles le contemplent.**

Gautier, d'après K. Girardet.

Aquatinta, avec lettre.

189. (1799.) **Les pestiférés de Jaffa.**

Laugier, d'après Gros.

Burin, avant la lettre.

190. (1799.) **Bataille de Nazareth.**

Jazet, d'après Gros.

Manière noire, avant la lettre.

CONSULAT.

191. (1799.) **Matinée du 18 Brumaire.**

Jazet, d'après Schopin.

Manière noire, avec lettre.

192. (1799.) **Dix-huit Brumaire** (9 novembre).

Friller, d'après Bouchot.

Burin, avec lettre.

193. (1800.) **Revue** du Premier Consul.

Pauquet et Mécou, d'après Isabey et C. Vernet.

Burin, lettre grise.

194. (1801.) **Portrait en pied** de Bonaparte Premier Consul, dans les jardins de la Malmaison.

Lingée et Godefroy, d'après Isabey.

Au point, avant la lettre.

195. (1801.) **Signature du Concordat** (15 juillet).

Burin, avec lettre.

EMPIRE.

196. (1804.) **Sacre** de Napoléon (2 décembre).

Jazet, d'après L. David.

Manière noire, avant la lettre.

197. (1804.) **Portrait** de Napoléon Empereur (Décembre).

Bouchet et Desnoyers, d'après Gérard.

Burin, avec lettre.

198. (1805.) **Bataille d'Austerlitz** (2 décembre).

Godefroy, d'après Gérard.

Burin et point, avant la lettre.

199. (1806.) **Bataille d'Iéna** (14 octobre).

Jazet, d'après H. Vernet.

Manière noire, avant la lettre.

200. (1807.) **Champ de bataille d'Eylau** (8 février).

Vallot, d'après Gros.

Burin, avant la lettre.

201. (1807.) **Bataille de Friedland** (14 juin).

Jazet, d'après H. Vernet.

Manière noire, avant la lettre.

202. (1808.) **Passage de Somo-Sierra**.

Rollet, d'après H. Bellangé.

Manière noire, avant la lettre.

203. (1808.) **Bataille de Somo-Sierra** (30 novembre).

Debucourt, d'après H. Vernet.

Manière noire, avec lettre.

204. (1809.) **Bataille d'Essling** (mort du Maréchal Lannes, 22 mai).

Jazet, d'après H. Bellangé.

Manière noire, avant la lettre.

205. (1809.) **Napoléon** visitant l'Ambulance.

Jazet, d'après H. Bellangé.

Manière noire, avant la lettre.

206. (1806.) **Bataille de Wagram** (5 juillet).

Jazet, d'après H. Vernet.

Manière noire, avant la lettre.

207. (1809.) **Napoléon à Wagram** (5 juillet).

Garnier, d'après H. Bellangé.

Manière noire, lettre grise.

208. (1809.) **Divorce** de l'Impératrice Joséphine.

Jazet, d'après Schopin.

Manière noire, avec lettre.

209. (1812.) **Napoléon**, portrait en pied.

Mécou, d'après Isabey.

Burin et point, avec lettre.

210. (1812.) **Napoléon**, portrait en pied.

Laugier, d'après L. David.

Burin, avec lettre.

211. (1812.) **Combat de Vitepsk** (27 juillet).

Jazet, d'après H. Vernet.

Manière noire, avant la lettre.

212. (1812.) **Passage de la Bérésina** (27 novembre).

Pierre Adam, d'après Langlois.

Burin, lettre grise.

213. (1813.) **Mort du Maréchal Prince Poniatowski** (19 octobre).

Jazet, d'après H. Vernet.

Manière noire, avant la lettre.

214. (1813.) **Hanau** (30 octobre).

Bellay, d'après H. Vernet.

Avec lettre.

215. (1814.) **Napoléon** pendant la Campagne de France.

Julien et Sabatier, d'après Charlet.

Litographie coloriée, avec lettre.

216. (1814.) **Arcis-sur-Aube** (1er février).

Jazet, d'après Lansac.

Manière noire, avec lettre.

217. (1814.) **Montmirail** (12 février).

Bellay, d'après H. Vernet.

Lithographie, avec lettre.

218. (1814.) **Montereau** (18 février).

Jazet, d'après E. Lami.

Manière noire, avant la lettre.

219. (1814.) **Défense de Paris à la barrière de Clichy**.

Jazet, d'après H. Vernet.

Manière noire, avant la lettre.

220. (1814.) **Napoléon à Fontainebleau** (31 mars).

Jules François, d'après P. Delaroche.

Burin, avec lettre.

221. (1814.) **Adieux de Fontainebleau** (20 avril).

Jazet, d'après H. Vernet.

Manière noire, avant la lettre.

222. (1815.) **Grenadier de l'Ile d'Elbe.**

Jazet, d'après H. Vernet.

Manière noire, avant la lettre.

223. (1815.) **Retour de l'Ile d'Elbe** (mars).

Jazet, d'après Steuben.

Manière noire, avant la lettre.

224. (1815.) **La dernière revue de l'Empereur.**

Jazet, d'après H. Vernet.

Manière noire, avec la lettre.

225. (1815.) **Charleroy** (15 juin).

Jazet, d'après H. Vernet.

Manière noire, avant la lettre.

226. (1815.) **Bataille de Waterloo** (18 juin).

Jazet, d'après Steuben.

Manière noire, avant la lettre.

227. (1815.) **Le Grenadier de Waterloo.**

Jazet, d'après H. Vernet.

Manière noire, avant la lettre.

SAINTE-HÉLÈNE.

---

228. (1840.) **Vue de Sainte-Hélène et de James-Town.**

Day, d'après Scott.

Lithographie imprimée en couleur, avec lettre.

229. (1815 à 1821.) **Napoléon** dictant au Général Gourgaud à Sainte-Hélène.

Belliard, d'après Steuben.

Lithographie.

230. (1821.) **Mort de Napoléon** (5 mai).

Jazet, d'après Steuben.

Manière noire, avant la lettre.

231. (1821.) **Masque de Napoléon** (5 mai).

Calamatta, d'après H. Vernet.

Burin, avant la lettre.

232. (1821.) **Apothéose de Napoléon.**

Marin Lavigne, d'après V. Adam.

Avec lettre.

PORTRAITS DE FAMILLE.

233. **Portrait en pied** de S. M. le Roi d'Espagne **Joseph-Napoléon** en costume de Sacre.

C. S. Pradier (1813), d'après F. Gérard.

Burin, avant la lettre.

234. **Portrait en pied** de S. M. le Roi de Westphalie **Jérôme-Napoléon**.

J. L. Potrelle et M. Gudin (1813), d'après Kinson.

Burin et point, avec la lettre.

235. **Portrait en pied** de la Princesse **Catherine de Würtemberg**, ancienne Reine de Westphalie.

Maurin. (1836).

Lithographie, avec la lettre.

236. **Portrait du Duc de Reichstadt**.

Joh. Ender.

Au point, sans lettre.

237. **Le Duc de Reichstadt** après sa mort.

Joh. Ender.

Au point, sans lettre.

PERSONNAGES HISTORIQUES.

238. **Napoléon** entouré des Personnages les plus illustres de son époque.

Marin Lavigne, d'après V. Adam.

Lithographie, avec lettre.

239. **Napoléon** entouré des Généraux Français les les plus célèbres de son temps.

Marin Lavigne, d'après Mouton.

Lithographie, avec lettre.

240. **Napoléon** entouré des Personnages illustres qui l'ont combattu.

Marin Lavigne, d'après V. Adam.

Lithographie, avec lettre.

BIBLIOTHÈQUE.

Cette Collection se compose principalement de livres relatifs à l'Histoire de Napoléon, de l'Empire et du Consulat. L'ouvrage le plus considérable est la belle publication faite par ordre de l'Empereur sur l'Expédition d'Egypte. Deux seuls objets y figurent comme curiosité historique, se rattachant au but spécial de la fondation du Musée. Ce sont :

241. **Un Exemplaire de Paul et Virginie**, grande édition ornée de gravures en épreuves triples: eau-forte, gravure terminée et impression coloriée; et de deux portraits de Bernardin de Saint-Pierre, l'un par Lafitte, l'autre par Girodet-Trioson.

Paris, Didot. — Reliûre en maroquin rouge.

Provenant primitivement de l'Empereur. Donné par S. A. I. le Comte de Survilliers, Joseph-Napoléon.

242. **Une Collection de 29 Cartons**, renfermant les Cartes de Campagne du Maréchal Ney.

Ces Cartes, prises avec une partie des bagages du Maréchal par le Général russe de Lœwenstern pendant la retraite de 1812, ont été offertes par cet officier au Musée de San Martino.

Voir aux Pièces justificatives: n° 20.

MÉDAILLES.

243. **Collection des Souverains de la France, de Pharamond à Louis-Philippe.**

74 Médailles en bronze, du module de 5 centimètres, représentant, sur la face, l'effigie du Souverain, et donnant au revers les dates de la naissance et de la mort, avec la mention des principaux actes du Règne.

244. **Collection des Médailles** frappées sous l'Empire.

206 Médailles en bronze, de différens modules.

Don de M. le Comte Honoré de Sussy.

245. **Catalogue** desdites Médailles. (*Manuscrit.*)

MAISON IMPÉRIALE.

La Maison de campagne que l'Empereur habita en 1814, s'élève au fond de la majestueuse terrasse qui recouvre aujourd'hui le Musée. Au tems de l'Auguste possesseur de San Martino, cette terrasse n'avait d'autre étendue que le petit parterre créé par ses soins, et qu'on y voit encore. Grâce à l'adjonction du Musée, sa superficie est aujourd'hui d'environ 2300 mètres carrés.

Nous avons dit que la Villa était originairement un magasin, auquel Napoléon fit rapidement ouvrir des fenêtres et pratiquer des divisions intérieures d'après ses propres dispositions. Elle présente deux étages superposés, isolés l'un de l'autre. L'étage inférieur, adossé à la masse rocheuse, a son entrée sur la grande terrasse. On pénètre dans l'autre étage, du côté opposé, par une esplanade où vient aboutir la route carrossable. Ce sont, en réalité, deux rez-de-chaussée situés l'un au-dessus de l'autre.

Celui de la grande terrasse, qui n'a qu'une médiocre profondeur, était réservé au service, organisé, si l'on en juge par l'espace, dans les proportions les plus modestes. La cuisine, l'office, la lingerie, semblent avoir été taillés à l'usage du plus modeste ménage Parisien. La quatrième pièce est un cabinet de bain, dont l'Empereur n'a jamais fait usage; rien n'ayant encore été disposé, de son tems, pour amener l'eau dans la maison. Cette chambre, conservée dans l'état où elle fut laissée en 1814, est décorée en treille (*pergola*) dans le style du pays. Son seul ornement est une figure couchée de la Vérité, peinte en détrempe, au-dessus de la baignoire de marbre. La tradition veut que Napoléon ait indiqué lui-même ce sujet, et fourni la devise:

"QUI ODIT VERITATEM ODIT LUCEM."

Rien n'empêche de le croire, puisqu'il est constant que l'Empereur présida de sa personne à l'exécution des moindres détails de sa résidence agreste, et que dans son empressement d'en jouir, il venait chaque jour presser les ouvriers et s'entretenir avec eux, montrant des connaissances techniques de leurs métiers, qui émerveillaient ces braves gens, et sont encore restées dans la mémoire de ceux qui survivent.

Deux escaliers symétriques et un escalier de service conduisent, à découvert, de la grande terrasse à l'esplanade supérieure, où s'ouvre l'habitation du Maître. Cet espace n'a point été modifié. On peut y voir encore l'amandier historique dont il est question dans la Notice qui précède ce Catalogue. Un écusson de marbre blanc à l'Aigle Impériale, placé au pied de la colline, en face de la Maison, est un souvenir récemment recueilli : il ornait, pendant la souveraineté éphémère de Napoléon, la "*Porte de mer*" de Portoferraio. Conservé précieusement par un membre du Conseil Municipal de 1815, cet objet devait trouver sa place dans la collection de San Martino.

L'extérieur de l'Ermitage ne se distingue par aucune prétention architecturale : c'est tout simplement la petite maison à volets verts que rêvait Jean-Jacques Rousseau. L'ordonnance intérieure n'est pas plus recherchée. Deux salles d'inégale grandeur, situées au milieu, sont flanquées de chaque côté par trois petites pièces. L'une de ces dernières sert d'antichambre.

Un meuble, resté à la même place depuis 1815, y représente le passé, c'est :

246. **Une Console arrondie**, en marqueterie ancienne, à dessus de marbre blanc.

On y trouve encore, en fait d'objets curieux de l'époque :

247. **Deux plans du Domaine de San Martino**, reproduisant les limites et les détails de cette propriété, au moment où l'Empereur en fit l'acquisition.

248. **Un dessin** exécuté par l'Architecte Bargilli, représentant le projet d'ensemble conçu par Napoléon pour agrandir et compléter sa Villa de San Martino.

Don de M l'Ingénieur C. Cosci.

249. **Trois Projets**, de l'Architecte Bargilli, avec leurs détails, pour un Palais que l'Empereur se proposait de faire construire à Portoferraio.

Don de M. l'Ingénieur C. Cosci.

250. **Croquis d'une décoration historique** pour une fête publique à Portoferraio, par l'Architecte Bargilli.

Don de M. l'Ingénieur C. Cosci.

Voir aux Pièces justificatives, nº 22.

Et enfin, comme ouvrage moderne :

251. **Une grande Carte manuscrite et coloriée de l'Ile d'Elbe**, par l'Ingénieur Coriolano Monti, d'après les travaux topographiques du dépôt de la Guerre de Paris en 1804.

Exécutée par ordre de S. E. le Prince A. de Démidoff.

A droite de cette antichambre, on pénètre dans une spacieuse Salle-à-manger, qui depuis 1814 a gardé la dénomination de "*Salle Egyptienne,*" et qui mérite l'attention du Visiteur.

SALLE ÉGYPTIENNE.

Plus qu'en aucun autre point de sa retraite, Napoléon a laissé son souvenir dans cette Salle, dont la conception lui appartient toute entière. Guidé par l'ouvrage consacré à l'expédition d'Egypte, magnifique monument de son règne, l'Empereur voulut que la décoration de sa Salle-à-manger champêtre rappelât une époque de sa vie profondément empreinte dans son imagination. Si la main qui interpréta cette pensée eût été plus habile, on aurait conservé un précieux spécimen du goût artistique du vainqueur des Pyramides. Mais le Proscrit Impérial, usant des ressources qu'il avait sous la main, confia l'œuvre à un Milanais qui se trouvait alors à l'Ile d'Elbe.

Assez heureux dans la reproduction de l'architecture et des ornemens, pour lesquels il avait d'excellens modèles, l'artiste s'est montré trop naïvement au-dessous de sa tâche dans le paysage, les figures et les animaux. Il n'en a pas moins signé son œuvre, et l'on voit au bas de l'un des panneaux, à gauche en entrant, le nom de "*Ravelli,*" avec le mot "*fecit*" et la date de 1814. L'Auguste collaborateur, comme s'il eût voulu, lui aussi, constater sa participation à cette conception orientale, y fit inscrire son nom avec une épigraphe bien remarquable, bien philosophique assurément, si l'on se rapporte au tems et au lieu. On lit, en effet, sur une pierre, en regard du nom de l'artiste décorateur :

UBICUMQUE FELIX NAPOLÉON.

Le plafond est orné d'un Zodiaque. Un bassin ménagé au milieu du pavé de la Salle était destiné à recevoir un jet d'eau ; mais Napoléon ne devait pas rester assez longtems à l'Ile d'Elbe pour accomplir tous les projets qu'il avait conçus pour sa Villa solitaire.

252. **Une Table à manger**, en acajou, ornée de baguettes de bronze, est le seul meuble de cette pièce que recommande sa provenance. Elle a appartenu à S. A. I. le Prince Jérôme.

La Salle Egyptienne est restée parfaitement intacte depuis 1815.

SALON.

Cette pièce avait un peu souffert des injures du tems, et la restauration en a été opérée au moyen des projets originaux de Ravelli conservés soigneusement à Portoferraio.

Ici encore l'Empereur donna à son décorateur ordinaire, l'idée du médaillon dont le plafond est illustré: — "*Deux pigeons attachés à un même lien dont le nœud se resserre à mesure qu'ils s'éloignent.*"

A quel ordre de pensées faut-il rapporter ce symbole choisi par Napoléon dans son isolement? à quels souvenirs attendris répondaient dans son âme les deux extrémités de ce nœud que l'absence rend plus étroit? C'est un de ces mystères que révèlerait peut-être l'étude attentive de ce grand cœur auquel une histoire implacable et passionnée a dénié trop longtems, tout sentiment de tendresse et d'affection. Mais s'il existait une analogie secrète entre ces douces aspirations du proscrit de 1814 et le portrait que l'Empereur serrait dans sa main mourante le 5 Mai 1820, quel objet de réflexions! Quel retour poignant sur cette grandeur déchue, épuisant dans un impitoyable exil le calice de toutes les déceptions!

Plusieurs objets qui ornaient ce Salon au tems où l'Empereur l'habita s'y retrouvent encore aujourd'hui à la même place; ce sont:

253. **Un buste en marbre** de S. A. I. la Princesse **Elisa Baciocchi**, Grande-Duchesse de Lucques et de Piombino.

254. **Un buste** de S. A. I. le Prince **Félix Baciocchi**.

255. **Une paire de petits Vases de Sèvres**, forme Médicis, fond blanc à arabesques d'or, avec médaillons peints. D'un côté, des oiseaux, et de l'autre, des fleurs.

256. **Un divan de milieu**, à base d'acajou et en tapisserie bleue, ornée d'un Aigle et d'Abeilles.

Ouvrage de Madame la Princesse Pauline Borghèse.

Le possesseur actuel de San Martino a pu compléter ces souvenirs en y adjoignant:

257. **Un Canapé** en bois noir sculpté, pieds tournés.

258. **Quatre Fauteuils**, même bois, pieds tournés.

259. **Six Chaises**, même bois, pieds tournés.

Sujets Egyptiens; travail exécuté en entier de la main de S. M. la Reine de Westphalie, à Cassel, en 1808 et années suivantes.

CHAMBRES DU GRAND-MARÉCHAL ET DU GÉNÉRAL DROUOT.

A gauche du Salon se trouvent deux Chambres communiquant ensemble. Elles ont gardé les noms de deux hôtes respectés qui les habitèrent souvent en 1814, — le Grand-maréchal Comte Bertrand et le Général Comte Drouot.

Ces modestes cellules servirent aussi quelquefois de demeure à Madame Mère et à la Princesse Pauline, lorsque ces Princesses venaient passer quelques jours à la Villa, en compagnie de celui dont leur tendre affection avait voulu adoucir l'exil.

On trouve dans la chambre du Grand-Maréchal :

260. **Un Lit** en acajou, ayant appartenu à S. A. I. le Prince Jérôme.

Et dans celle du Général Drouot :

261. **Un Lit** semblable, de la même provenance.

CHAMBRE A COUCHER IMPÉRIALE.

A la droite du Salon s'ouvre la Chambre à coucher de Napoléon. La décoration des murs, l'ornement du plafond en caissons remplis par des Abeilles et des Etoiles de la Légion-d'Honneur, n'a subi que quelques légères restaurations.

Le mobilier qui garnit cette chambre offre de beaux spécimens de l'industrie des frères Jacob, ébénistes renommés de l'Ère Impériale ; mais il ne s'y rattache aucun souvenir dynastique. Une pendule en bronze doré, surmontée d'un buste de S. A. I. le Prince Jérôme, Roi de Westphalie, et qui orne la cheminée, figure déjà dans ce Catalogue sous le n° 152. — On remarque sur la même cheminée :

262. **Une paire de Flambeaux argentés**, ayant appartenu à l'Empereur, qui en fit cadeau à son jardinier M. Claude Hollard, en 1814.

Don de M. C. Hollard.

Voir aux Pièces justificatives : n° 23.

Derrière la Chambre à coucher Impériale, il existe une Chambre de service, occupée autrefois par le valet-de-chambre de l'Empereur, et desservie à l'extérieur par un escalier communiquant avec le rez-de-chaussée. Napoléon avait coutume d'y procéder à sa toilette. C'est en souvenir de cette destination que la pièce est garnie de meubles analogues à ceux qui devaient y exister, et pour la plupart exécutés par l'Ebéniste du mobilier de la Couronne avant 1814.

ANCIENNE BIBLIOTHÈQUE.

Dans cette petite Chambre, communiquant d'un côté avec la Toilette et de l'autre avec la Salle Egyptienne, l'Empereur avait réuni une assez nombreuse collection de livres, disposés tout simplement sur des ais de bois commun. Rien n'est resté de cette disposition, les livres ayant été envoyés à Paris après le 20 mars 1815.

Un meuble qui se recommande par sa provenance y a trouvé place aujourd'hui :

263. **Lit de campagne**, en cuivre orné, avec dôme et rideaux brodés, ayant appartenu à S. A. I. Madame la Grande-Duchesse de Lucques et de Piombino, Princesse Elisa Baciocchi.

En énumérant, comme nous venons de le faire dans ce Catalogue, les souvenirs d'histoire et d'art d'une époque mémorable, les reliques d'un grand homme, les images et les débris de la fortune d'une Dynastie que la Providence destinait à de prodigieuses épreuves; — en un mot, tout ce qui compose la Collection réunie à San Martino, — nous avons aussi essayé de décrire le site remarquable et le toit solitaire où Napoléon trouva peut-être quelques belles et calmes journées.

Ce n'était qu'une cabane assurément pour celui qui fut le maître imposant et radieux de Fontainebleau, de Compiègne, de Saint-Cloud, de Trianon, et de tant de royales demeures, et cependant cette agreste retraite peut passer pour un palais, pour un lieu de délices, si on la compare à ce plateau dévorant, à cet amas de tristes masures où l'Empereur termina ses jours, et dont le nom restera éternellement funèbre.

PIÈCES JUSTIFICATIVES.

264. **Un Volume** contenant les pièces et documens suivans:

1. Certificat relatif à l'authenticité du Tableau de Gérard, représentant l'Empereur Napoléon en costume de Sacre.

Signé par Mlle E. Godefroy.
M. Heim, *Membre de l'Institut.*
et M. Court, *Peintre d'histoire.*

2. Note sur une Médaille de l'Empereur Charles-Quint placée sur une Tabatière à l'usage de l'Empereur Napoléon, et qui lui fut donnée par le Pape Pie VII.

Par M. Joseph Tastu. *Avril 1842.*

3. Certificat autographe de S. A. I. le Prince Jérôme, attestant l'authenticité de la Tabatière donnée par le Saint-Père Pape Pie VII à Napoléon le jour de son Sacre; daté de Quarto le 28 Août 1840.

4. Certificat signé par S. A. I. le Prince Jérôme et scellé de son cachet, contenant la nomenclature de sept objets provenant de l'Empereur Napoléon, et donnés par le Prince à la Princesse sa fille lors de son mariage; daté de Florence le 1er Mars 1846.

5. Lettre de M. George Manganaro, et note du Secrétaire du Municipe de Portoferraio, au sujet de la cocarde française que portait l'Empereur à son arrivée à l'Ile d'Elbe, et qu'il quitta pour adopter les nouvelles couleurs de sa souveraineté temporaire.

6. Certificat autographe du Général Comte de Montholon, revêtu de son sceau, pour attester que des objets d'Argenterie ont été donnés à M. Gentilini à Sainte-Hélène le 30 Septembre 1820.

7. Brevet de pension délivré à Gentilini, attestant ses bons services; écrit et signé de la main du Grand-Maréchal Comte Bertrand, en date de Longwood (Sainte-Hélène), le 30 Septembre 1820.

8. Extrait d'un Acte de Vente après décès du Dr Antommarchi, constatant l'acquisition faite par les frères Susse de Paris du type en plâtre du Masque mortuaire de Napoléon.

9. Certificat de MM. Susse frères de Paris, attestant que le Masque signé du Dr Antommarchi, et vendu par eux à M. le Prince Démidoff, est bien le type qui a servi à toutes les épreuves en bronze qui ont été tirées.

10. Certificat de M. l'Abbé Coquerau, Aumônier de la Division Navale qui fut à Sainte-Hélène chercher les restes de l'Empereur, attestant l'authenticité des objets de souvenir recueillis sur le Tombeau de Napoléon.

11. Lettre de M. Marchand, ancien Valet-de-Chambre de l'Empereur, en date du 10 Janvier 1841, pour offrir à Madame la Princesse Mathilde quelques souvenirs de la vallée des Saules et des fragmens du ciment qui scellait la dalle du Tombeau de Napoléon à Sainte-Hélène.

12. Lettre de M. le Comte H. de Sussy, accompagnant l'envoi de l'une des trompes qui ont servi à l'exécution des symphonies dans la Cérémonie du 15 Décembre 1840 à Paris.

13. Procès-Verbal notarié à Florence le 28 Septembre 1844, pour établir l'authenticité des objets provenant de l'Empereur Napoléon, échus en partage à S. A. I. le Prince Jérôme et donnés par ce Prince à son fils le prince Napoléon Bonaparte.

14. Description de la pendule qui se trouvait sur la Table-de-nuit de l'Empereur au moment de sa mort, et de l'Ecritoire-Nécessaire donné en 1810 par la Reine de Westphalie au Roi Jérôme son mari.

15. Documens relatifs aux recherches qui ont eu lieu à l'effet de constater la véritable provenance d'une garde d'épée léguée par l'Empereur à son frère le Prince Jérôme, et désignée sous le nom de "*une poignée de Glaive antique*" (11 pièces).

16. Certificat de M. le Baron Bacler d'Albe, attestant la provenance de la grande Carte du Théâtre de la Guerre en Italie; en date de Paris 12 Juillet 1844.

17. Note de M. Raffet sur les quatre Drapeaux destinés au Musée de San Martino, et Lettre du même, contenant des explications sur le choix de ces Drapeaux.

18. Note générale sur les anciens Drapeaux français, par M. Raffet.

19. Lettre de M. George Ramsay, en date de Dresde le 10 Octobre 1853, pour offrir à M. le Prince Démidoff une tête d'Aigle en marbre, débris du monument élevé au Maréchal Prince Poniatowsky qui périt dans l'Ellster en 1813.

20. Certificat du Général Baron Valdemar de Loëwenstern, établissant de quelle manière les cartes du Maréchal Ney sont venues en sa possession en 1812; daté et scellé des armes du signataire, à Saint-Pétersbourg le 20 Avril 1846.

21. Lettre de M. Auguste Riblet, en date de Florence le 21 Septembre 1858, constatant l'origine du portrait de S. A. I. le Prince Louis Napoléon, depuis Roi de Hollande, peint par Gérard.

22. Lettre de M. l'Ingénieur Charles Cosci, indiquant la provenance des cinq dessins de l'Architecte Bargilli, dont il a fait hommage à S. E. le Prince Démidoff pour le Musée historique de San Martino. (1860.)

23. Note sur les deux Chandeliers donnés par Napoléon à son Jardinier Claude Hollard en 1814.

AUTOGRAPHES.

1. Signature de l'Empereur au bas d'une lettre adressée à son frère le Prince Jérôme Napoléon, pendant la Campagne de Silésie en 1807, en date de Marienbourg le 3 Juin.

2. Signatures du Général Bonaparte Premier Consul, du Général Berthier, Ministre de la Guerre, et du Ministre d'Etat Hugues Maret, au bas d'un *Brevet d'Honneur* délivré au Citoyen Duval, Maréchal-des-Logis au 4e Régiment de Dragons, le 4 Pluviôse an XI de la République, et Note sur la provenance de ce Brevet.

3. Lettre autographe de M. Marchand, ancien Valet-de-Chambre de l'Empereur, à S. A. I. le Prince Jérôme, donnant les détails de ce qui a eu lieu à Sainte-Hélène lors de l'enlèvement des restes de Napoléon en 1840, par les soins de S. A. R. le Prince de Joinville.

TABLE.

www.ingramcontent.com/pod-product-compliance
Ingram Content Group UK Ltd.
Pitfield, Milton Keynes, MK11 3LW, UK
UKHW020321250726
13967UKWH00004B/1789

9 782012 951624